御言訓読と霊界動員

光言社

まえがき

私たちは今、「天宙統一平和の王」となられた天地人真《まこと》の父母様に、地上で直接侍り、み旨に同参できる恵まれた立場にあります。み旨に同参し、そこで一緒に涙を流したということが、何にも代え難い、永遠に残る福なのです。

それでは、このみ旨の道を正しく歩むために、最も大切なものとは何でしょうか。それはみ言《ことば》です。なぜならば、人類始祖アダムとエバはみ言を守ることができずに堕落したので、人間はみ言を絶対視しなければならないからです。み言を絶対視しなければ、人間は神様の息子、娘になることはできません。ですから、み言はどれほど貴いでしょうか。天地人真の父母様は、血と汗と涙の苦難の蕩減《とうげん》路程を通して億万のサタンと闘いながら、そのみ言を探し出されたのです。天地人真の父母様が下さったみ言は、研究して書かれた論文ではなく、サタンと闘って勝利されたみ跡なのです。

いよいよ今年（二〇〇五年）から、天一国《てんいちこく》摂理第二次四年路程が始まりました。二〇〇一年から二〇〇四年までの第一次四年路程が終わり、今年から二〇〇八年までが第二次四年路程です。そして、二〇〇八年から二〇一二年までが第三次四年路程であり、この二〇一二年までに、神様の祖国光復を何としても成し遂げなければなりません。これが天地人真《まこと》の父母様の悲願です。

そして、この二〇〇八年までの四年間は、私たちの善の先祖はもちろん、五大聖人、そして霊界のすべての善霊たちが総動員され、神様のみ旨を成し遂げるために総力を注ぎます。その善霊たちが、炎のような瞳《ひとみ》で私たちの一挙手一投足を見守っているのです。その善霊の協助を受けるためには、訓読会を生命視しなければなりません。

天地人真の父母様のみ言《ことば》には、次のようにあります。

「訓読会をする目的は、み言の本体であられる神様に似るためです。自分が第二の真の父母になるために訓読会をするのです。訓読会を熱心にすれば、霊界の協助を受けることができます。神様のみ言を訓読する所に、神様が共にあられます。霊界にいる善霊が再臨して、再臨協助の役事が起きるのです。したがって、訓読会は霊界を動員する道となります」。

四百巻以上にもなる『文鮮明《ムンソンミョン》先生御言選集』から、テーマごとに厳選して編集されたのが『天聖経』です。これは天の経典です。天地人真の父母様は、二〇〇三年十月二十九日から『天聖経』の第一回目の訓読を始められ、第三回目の訓読を完了された基台の上で、二〇〇四年四月十八日に『天聖経』の奉献式を行われました。そして、二〇〇五年三月二十二日には、第七回目の訓読を完了されました。

私たちは、この『天聖経』を毎日訓読して善霊の協助を受け、百万み言訓読家庭教会を定着させなければなりません。今から私たちは、このみ言を常に心の奥深くに刻んで本性の生活をすることによって、責任分担を果たし、天地人真の父母様に喜びと栄光をお返しいたしましょう。

二〇〇五年六月七日

世界基督《キリスト》教統一神霊協会

御言訓読と霊界動員　目次

目次

第一章

訓読会に関するみ言《ことば》

第一節　訓読会の意義と目的

訓読会の「訓」は、「言偏」に「川」です。川の水が流れるのと同じです。水は動けば動くほど、それが水蒸気になり、万宇宙に緑地帯をつくり、すべての動物が生きていける栄養素を供給します。そのような事実を考えるとき、問題は、雨が降ったり雲がかかったりする、このような循環運動をしなくなれば、自然はすべて砂漠地帯になるということです。

私たちの心霊世界も同じです。水蒸気や雲が地と海まで覆って青くすることを考えるとき、循環運動ができるように、これを繰り返すことによって、皆さんの息子、娘の家庭や地上に生きるすべての家庭が緑地帯のような家庭になり、天の相対的家庭になるのです。水も青く、平原も青く、空気も青くなければなりません。循環運動をするようになれば、青くなるのです。良く育つ木は、栄養素をしっかりと受けて、循環運動を速く、広くする木です。そのような木は、良く育ち、青くなるのです。

訓読会の「訓」はそのような意味であり、「読」は「言偏」に「売る」という字です。売らなければなりません。もっていれば大変なことになります。売らずに品物を積んでおき、腐らせてしまえば罰が当たります。お金をもらって売らなければなりません。お金をもらうことができなければ、すべて分け与えるのです。み言《ことば》を売れば、自分の息子、娘になります。商売の中で、そのような商売はありません。千年、万年、種となって自然に繁殖するので、み言が流れていくのです。そのようにして、どんどん拡張しなさいという意味があります。ですから、「み言を売りなさい」というのです。これが訓読会の本然の意味です。（二九六―二一七、一九九八・一一・一〇）（二八九―二九五、一九九八・二・一）

訓読会とは何かというと、サタン世界と天の国の世界を分けて、別々のものにする剣です。皆さんの家庭でも訓読会をするとき、喜ぶ人と嫌がる人がいます。喜ばないので、これを喜ぶようにするために、どのようなことでもしなければなりません。(三〇三―一二三、一九九九・八・八)

伝統を、どのように立てなければならないのでしょうか。先生の生きてきたすべての内容が、伝統です。ですから、伝統を伝授するために訓読会を始めているのです。

訓読会のみ言《ことば》は、過ぎ去っていく言葉ではありません。皆さんが地上に着地できる、あらゆる実践教材であることを知らなければなりません。

伝統を相続しなければなりません。そして、伝統を知って実践しなければならないのです。その伝統は、昼も夜も受け継がなければなりません。その伝統を受け継がせるための教育が、訓読会です。伝統を教育する場所なので、それを知れば、先生と天が苦労したその道に拍子を合わせて行動し、自分自身の国と家庭を設定しなければなりません。これは非常に重要なことです。誰も干渉してくれません。皆さん自身が中心にならなければ、霊界が協助できる時代も過ぎ去っていくことを知らなければなりません。（三〇二―二七八、一九九九・六・二六）

今、皆さんが地上で行っている訓読会は、絶対的に必要です。ここに合わせて、着地しなければなりません。霊界では、既にそれを行っています。霊界では、一週間以内ですべてのものが定着できます。ですから、地上ですべきことを果たすことが、どれほど急がれているかということを知らなければなりません。

訓読会を通して、家庭が定着できる時代に入ってきたのです。ですから、訓読会が重要なのです。これは、霊界にいる自分の先祖の解放と、今後の自分の子孫を解放するためのプログラムです。過去、現在、未来は一つです。（二九一

—二三七、一九九八・三・一五)

最後の時が近づいてくるので、再創造をしなければならないのですが、それをどのようにするのでしょうか。再創造を完成するシステムが、正に訓読会です。堕落以降、天が今まで訓読会を願ってきたのです。成約時代のみ言《ことば》を願ってきたのです。堕落して、すべてが滅びてしまうようになっているので、すべての人が再創造のみ言を待ち焦がれなければなりません。(二九二—二五七、一九九八・四・二六)

家庭が永遠に定着するためには、訓読会をしなければならないのです。これは霊的な糧です。肉的な糧を慕い、おいしく食べて、初めて成長できるのと同じように、霊的な糧をおいしく食べてこそ成長します。このような家庭的定着をすることによって、地上に解放が展開します。(二〇〇〇・四・二)

何のために訓読会をするのですか。眠っている世界人類を目覚めさせるためです。世界人類が天上に向かう高速道路から脱線してしまうので、私が架け橋になるためにするのです。そのように考えるのです。私の一族全員が罠《わな》にはまって地獄の祭物となり、めちゃくちゃになる危険な道を進んでいるので、それを防ぐために、サタンの願いとは反対の道をつくって、そのようにするのだということを知らなければなりません。（二〇〇〇・一〇・二七）

悔い改めるために訓読会をするのです。それは、遊び事ではありません。訓読会を誰よりも一生懸命にする人は、先生です。皆さんは、先生の何十倍も一生懸命にしなければなりません。それは、先生がすべて成した上で宣布したみ言です。今日、自分がしたいと思うとおりにしながら、み言をどれほど冷遇し、先生の行動に対してどれほど不注意でしょうか。（二〇〇一・一・一）

訓読会をするのは、きょう自分は何をしようという、各自が残すものを見つけるためです。聞くためにするのではありません。生きるためにするのです。自分が主体になって、再創造の環境を拡張するためにするのです。ですから、毎日毎日しなければならないようになっています。（三〇八—九四、一九九八・一一・二二）

私たち統一教会は、霊界を知らなければならないのです。そして、天使長たちが暮らす本然のアダム理想世界のことを、すべて知らなければなりません。それを知れば、すべてを知ったことになるので、あとは実践だけが残っているのです。霊界を知らない人たちには、成約時代の祝福家庭の王権を受け継いでいく道がないので、これをすべて学ばなければなりません。

憲法なら、憲法のすべての条項を覚えなければならないのと同じように、国家政府の要員になれば、文教部なら文教部に該当する法があり、商工部なら商工部に該当する法があるのです。ですから、その部署の法を知らない人は、その部署の要員になることはできません。

それと同じように、天の国の要員になるためには、この法を知らなければなりません。その法を教えてあげるためのものが訓読会です。（二〇〇一・一・一〇）

第二節　訓読会の恵み

今、訓読会を一番熱心にしている人は誰でしょうか。それは神様です。その次がお父様であり、次がお母様です。先生は、み言《ことば》をすべて知っているのに、なぜそれを熱心にするのでしょうか。それは、皆さんと和合するためです。皆さんが先生と和合するようにするためなのです。完全な主体の前に対象をつくってあげ、父母様がしたことを皆さんにもできるようにしてあげるためにするのです。

ですから、いつも神様と共に訓読会をするのです。皆さんが父母と共に訓読し、兄弟と共に訓読会をすることが、どれほど幸福か分かりません。それが、神様に侍って生きるということなのです。

お父様と皆さんが主体と対象となり、同じことを聞いて感じ、経験することによって一つになるのです。そのようになってこそ幸福と完成があります。そのような基盤がなければ、理想というものはあり得ません。皆さんも、霊界を知らなければなりません。それが最も重要なことです。ですから、主体の目的観と同じ水準に上がらなければならないのです。神様の目的観と一つになることができてこそ、神様が喜ばれる時に一緒に喜ぶことができるのです。

皆さんが主体ではありません。先生も主体ではありません。神様に絶対信仰、絶対愛、絶対服従することによって、家庭から世界へと、次第に対象圏が発展していくのです。（二九五―二六八、一九九八・九・八）

先生のみ言を訓読すれば、すべて恩恵を受けるのです。訓読するみ言は、昔と同じように作用するので、今の堕落した人間も、み言を読めば恩恵を受けることができるのです。千年たっても作用します。（二九三―二二八、一九九八・五・二六）

訓読会をすれば、その時のお父様の心情に通じるので、思わず涙を流し、思わずむせび泣くのです。訓読会には、そのような力があります。電気で言えば、蓄電されるのです。誰の話でもそのようになるのではありません。先生が生きるか死ぬかの生死の境で語った言葉なので、そのようになるのです。(三〇一―八七、一九九九・四・一六)

み言《ことば》を語る時、先生が勝手に語ったのではありません。説教をする時、題目を一週間前くらいに決めておき、本を見て語ったのではありません。説教の壇上に出ていく五分前まで題目はありません。多くの生命に責任をもった者として、そのような場に出て、壇上で祈祷しながら、どのような心をもったのかを考えてみてください。ですから、そのみ言で訓読会をしてみれば、皆さんの言葉とは違って、共鳴圏がついてくるのです。(二〇〇三・八・二〇)

訓読会をすれば、天地が共鳴します。常に天と共にいる立場に立てるのです。これは福の中の福です。皆さんが先生の説教集を読んでいけば、生涯離れることができません。それはなぜかというと、生命の根源がそこにあるので、離れることができないのです。家庭ならば家庭の宝物であり、妻ならば妻の宝物であり、子女ならば子女の宝物であり、父ならば父の宝物であり、それが大きくなって国全体の宝物、人類全体の宝物となることによって、み言を中心として統一を成すことができるのです。これが核心です。

ですから、皆さんは、訓読会を重要視しなければなりません。毎朝一時間ずつみ言を読めば、その日のすべての事柄や考え方がとても明確になるのです。精神的な姿勢が明るくなります。先生が四十年も五十年も前に話した言葉ですが、時間的な隔たりがありません。そこには、その時の真剣さがそのまま存在し、み言に対する感情が常に生きているのです。

そのようなみ言《ことば》を語る時、聴衆と先生、そして霊界が和動（注：和して動ずること）して天に飛翔《ひしょう》できるという結果が、今後、世界を満たしていくことでしょう。それは、どれほど興奮し、どれほど痛快さを感じるか分かりません。先生自身も、そのようなことを感じるのです。そのような気分を、時間性を超えて、空間性を超えていつでも共に感じられるということは、驚くべきことです。

ですから、真理のみ言は偉大なのです。神様が何千年にわたって成してこられたことが、み言と連結されるのです。それゆえに、み言を読んで読んで、百回読んでも千回読んでも、みなついていくのです。毎年読んでも同じではなく、発展的な内容を感じることができるのが真理です。同じではありません。発展するのです。ですから、真理で愛するようになれば、永遠の発展を約束して定めることになります。（三〇九―一九二、一九九九・五・八）

訓読会を通して、霊界まで知ることができるようにしました。先生をはっきりと知り、神様をはっきりと知り、地上天国をはっきりと知り、天上世界をはっきりと知ることによって、創造することができるのです。知らなければ創造できません。(二九三―一〇五、一九九八・五・二四)

泣きながら訓読会をするのです。先生の心情をいつも感じなければなりません。一ページ一ページ、その雰囲気の中で先生と一つになれるのです。主体と対象が、骨と肉が一つになることができる場です。霊界と肉界が一つになり得る場です。普通の言葉とは違います。小説とは違うのです。ですから、訓読会を一生懸命にすれば、天がよく分かるようになるのです。(三二一―二三五、二〇〇〇・二・一四)

訓読会は、何がすごいのでしょうか。先生がそのみ言を宣布したのが五十年前、生死の境の絶頂で話したものです。このみ言《ことば》を中心として天下が爆発する、そのような心情で語った内容なので、これには天の心情が生きていて、霊界が協助するのを生き生きと感じるのです。永遠に時間圏を超越します。きのうであると同時に、きょうなのです。生きているので、私たちが訓読会で訓読するその言葉を聞けば、それが自分の言葉ではありません。その境地に引き込まれていくのです。その境地に入るというのです。それが必要です。(二九六―三二九、一九九八・一一・一八)

訓読会で学ぶ思想と一致しなければならない、という事実を知らなければなりません。先生がサタン世界と闘って勝利した戦勝的記録の発表が、訓読会で朗読する文章であることを知らなければならないのです。そこには、四十年間がすべて生きているのです。

ですから、訓読会とともに、訓読会を通して教えられる、そのみ言を覚えなければなりません。先生は、そのみ言と実践が一つになっているので、み言が先生の生涯における勝利の記録と同じなのです。

そのみ言と絶対的に一つになることによって先生の代身となる資格をもち、その比率によって自分が天上世界で永遠に生きる位置が決定するのです。これは、三位一体の概念と同じであることを知らなければなりません。(三〇一―二五六、一九九九・五・二)

訓読会を息子、娘が一生懸命にして、父母が一生懸命にして、祖父母が一生懸命にするようになれば、霊界の先祖たちが自動的に降りてきて教育を受け、天の国に行ける(家庭)教会を完成できるのです。(二〇〇二・七・四)

永遠の価値が、この訓読会の裏に隠されているのです。そこには味わいがあり、おもしろく、趣があります。趣味のようなものが訓読会です。

皆さん、「先生に代わって、先生以上にしよう」と思う人は、「アーメン！」と答えてください。（アーメン！）。そのようにすれば、天国は「私」のものになるのです。天国に行くことを心配してはいけません。

死ぬ日までに訓読会を千回できなければ、夜を忘れてでも一生懸命にやってみてください。それに比例して霊界の基盤が築かれるのです。自分が訓読会を十回すれば、十回天の前に悔い改めて涙したという事実になるのです。そのようにすることによって、霊界の巨大な王国が連結される「私」という存在は、どれほど驚くべき存在でしょうか。（二九三―一〇八、一九九八・五・二四）

今のこの時は、訓読会を通して霊界が皆さんにつながるのです。お父様を助けてくれた霊界が、皆さんにもつながって助けてくれるのです。怨讐《おんしゅう》がきれいに清算されます。迫害がなくなり、全世界だけでなく霊界まで解放されるのです。どれほど驚くべき時が、自分に訪れてきているのかを知らなければなりません。（二

九三―一〇六、一九九八・五・二四）

第三節　み言《ことば》訓読と霊界動員

皆さんになぜ「訓読会をしなさい」と言うのでしょうか。このみ言を伝えながら、「死」を考えていたのです。「私が死ぬ前にみ言を残さなければならない。み旨を成し遂げることができなければ、み言だけでも残してから死ななければならない」と考えながら、深刻な立場でみ言を語ったのです。その時、霊界ではどれほど深刻に見つめていたでしょうか。ですから、皆さんが訓読会をすれば、皆さんに代わってその霊界が、先生がみ旨を成し遂げていくように協助できる再創造の恩賜圏内に追い込む、ということを知らなければなりません。

これは、人類を救い、神様の摂理を完成するためです。そうではないですか。今、この時の訓読会を通して、霊界が皆さんに連結されるのです。お父様を協助していた霊界が、皆さんにも連結されて協助するというのです。（二九三─一〇五・一〇

六、一九九八・五・二四）

三回以上み言を読んで準備し、それから訓読する人は、霊界が協助して感動を受けるようになります。霊界の心情圏と相対圏ができるので、神様が降臨してすべてのものを主管されるようになるのです。蘇生《そせい》・長成・完成、旧約・新約・成約時代を越えれば霊界が協助します。

完全な主体は完全な対象を造成し、何千万人がいても相対圏が設定され、神様が臨在されるという恩恵を受けるようになるのです。それは、不思議な力です。

（二九六―二三七、一九九八・一一・二〇）

世の中のほかの言葉では、霊界が動員されないのです。このような先生のみ言は、すべて最前線で語ったみ言です。サタンと闘って決闘するとき、条件に引っ掛けようとするサタンを分立させてきた実戦史なのです。ですから、その実戦史を経て実戦史の伝統を受け継ぐことができるので、霊界に行ったすべての人たちは深刻になるのです。興奮して地上に来ようとします。

先生の訓読会のみ言《ことば》を聞けば、何か普通の言葉と違うのです。困難な迫害をはねのけたそのみ言なので、霊界がそのような基準を中心として、地上を早く蕩減《とうげん》しようとするのです。（二九一―三三三、一九九八・三・一九）

先生のみ言は、五十年の歴史を経てきながら、霊界との一体的動静を連結させてきたので、み言が現れれば、過去の時代に霊界全体が協助し、その時に先生と切実に祈祷した心情圏が、そのみ言と共に世界を覆うのです。

そこで訓読する人が涙を流せば、すべての人が涙を流し、感動を受ければ、すべての人が感動を受けます。どのような大衆が集まったとしても、そのようなことが起きるのです。なぜでしょうか。霊界が直接、再臨するからです。そのみ言を語った時に感動を受けていた霊人たちが、地上に来て協助するのです。

ですから、皆さんの力で教育しても、天国に入っていく人は一人もいません。真《まこと》の父母のみ言に従ってこそ、天国に直行できるのであって、いくら博士になって教えてあげても、その言葉には霊界が協助できないというのです。(二九六―二二一、一九九八・一一・二〇)

一歩踏み間違えば死ぬ、そのような中でみ言を残さなければならないという徹底した生死の岐路に立ち、悲痛な心情で語ったみ言なので、訓読しながらそのみ言が出てくれば、神様と霊界との関係が結ばれ、すぐに霊界が連結されるのです。

時間性を超越した、始めと終わりに連結することができ、天の協助的基盤が感動する皆さんの心に直接訪れることによって、先生が備えたこの世界の勝利圏まで、明かりをともし、ひもを結んで通じ得る基盤ができるので、訓読会が絶対に必要であることを知らなければなりません。(二九六―二二二、一九九八・一

一・九）

堕落後に、天使長世界とアダム世界を失ってしまったのです。しかし、この時代に、真《まこと》の父母が現れて天使長とアダムを復帰するのです。堕落によってアダム世界と天使長世界が分かれ、人類と神様が分かれたのですが、真の父母が現れてアダム世界と天使長世界を一つに結んで戻っていくので、神様の位置に連結されるのです。

神様が天使長世界とアダム世界に降りてこられるというのです。今がそのような転換時期です。ですから、先生のみ言《ことば》を伝播《でんぱ》しなければなりません。これは、完成家庭を再創造できるみ言です。これを読んで理解することにより、すぐに霊界がそこに協助するのです。霊界に革命が起きるというのです。（二七五―一七七、一九九五・一二・八）

私は、何度も読みます。何度も読めば霊界が協助するのです。自分が書き、自分ですべて知っている原稿を何度も読むのです。なぜかというと、読めば読むほど、霊界があとからついて読むからです。「先生は何のみ言を、あのように何度も読んでいるのか」と、霊界がついてきます。たくさん読むほど、霊界が世界的な舞台に連結されていくというのです。そのようになって初めて波及していくのです。（二八五－一三八、一九九七・六・五）

霊界が深刻な立場で先生のみ言を聞いて同調していた、その霊的基準がありません。み言の対象的な立場に入っていくようになれば、数十年前に語った時のその霊的な世界が、皆さんを中心として協助できる因縁が連結される、ということを知らなければなりません。

先生に同情して、先生の後ろについてきて内外を保護されていたその神様が、このみ言とともに相対的な実体を要求されるようになるのです。その時、皆さんを補助し、一日でも早く相対目的を完成して主体と一つになれる道を開拓してくださるのです。（二九二—一二二、一九九八・三・二八）

何をもってサタンに勝つことができるのでしょうか。皆さんは、み言《ことば》をもってサタンに勝たなければなりません。皆さんが原理を知っていると思っても、それを現実の基盤で確定し、蕩滅《とうげん》復帰という事実を中心として、サタンが自分に攻撃戦を仕掛けていることを実感できなくなれば、信仰生活とは何の関係もありません。いくらみ言を語り、いくら努力したとしても霊界が協助しないのです。

霊界にいるすべての霊人たちは、天使世界に相当します。ですから、皆さんが再創造の役事をするにおいては、神様が創造されたのと同じように、天使長の協助圏、善の霊界が協助できる内容を提示しなければならないのです。そのためには、原理原則のアダムの位置を守っていかなければなりません。

原理原則の基盤においてサタンを分別して余りある、サタンが侵犯しない本然の原理原則的な基盤に立脚しなければ、サタンに勝つことはできません。サタンを除去できる基盤に自分が立つまでは、神様が干渉できないのです。問題はそこにあるのです。いつもそれを考えなければなりません。（一九八一七、一九九〇・一・二〇）

どのようにすればそれぞれの家庭が確立するのか、ということが問題です。それは、み言を中心とした訓読会を通してするのです。家庭訓読会、教会訓読会、社会訓読会、国家訓読会、世界訓読会、霊界訓読会をすべてしなければなりません。霊界もそうです。今までは放送できませんでした。

しかし、霊界も、今や放送時代に入ってくるのです。それは、霊人体の活動する人たちが、随時、霊界と連絡可能な連絡機関ができているということです。ですから、霊界は、地上よりも一片丹心、真心のこもった心がそのまま花咲く時代なのです。そこには、妨害する雑多なものが一つもありません。

そのような意味で、私たちは、霊界に後れをとってはいけない立場にあるので、今後、責任を果たして私たちが先頭に立たなければ、様々な支障があるというのです。国を取り戻して世界に向かっていくにおいて、霊界よりも先んじなければならないのです。そのような責任を考えながら、今まで暮らしてきた習慣的信仰生活を一掃してしまい、新しい時代へと越えていかなければならない、そのような緊迫した事情にあることを、しっかりと体験してください。(二九七―二一八、一九九八・一一・二〇)

霊界も、訓読大会をしていることを知らなければなりません。同じです。今、霊界も大変革です。霊界も革命が起きているのです。それよりも地上が先んじなければなりません。霊界は、眠りもせず、食べもせずに働くことができる所ですが、彼らが私たちのあとについてこなければなりません。先に行ってはいけないのです。先に行けば、皆さんの子孫たちが蕩減《とうげん》を受けるのです。蕩減しなければならないのです。行く道が広がるのではありません。蕩減しなければ復帰されません。（二九七―一七六、一九九八・一一・二〇）

今、日本で行っている訓読教会をモデルとして、全世界がそれを相続しなければなりません。（二〇〇二・八・一五）

訓読教会定着が家庭教会の完成です。祝福家庭王が定着する時代が、今なのです。祝福家庭が世の中よりも立派であることを見せてあげなければならない時代です。そのようにしながら、カイン世界を力ずくでも引っ張ってきて祝福してあげ、神様の血統と連結させ、サタンの血統を清算しなければなりません。そのようにしてこそ、入籍できるのです。（二〇〇四・四・八）

私たち食口《シック》は、誰もが訓読教会をしなければならず、全国民を対象に、重生式、復活式、永生式の聖酒式を行い、祝福をしなければなりません。（二〇〇五・一・二二）

皆さん、何よりもまず、皆さんの家族と氏族を祝福してあげ、彼らを中心とする氏族訓読教会を設立してください。家庭連合運動の勝敗はもちろん、大韓民国の統一、さらには人類大家族化の摂理的勝敗がここにかかっています。（二〇〇五・三・四）

今後、村と村が競演大会をします。どれくらい訓読会をしたかという問題を中心として、そこに国家ならば国家的に表彰をしてあげ、家庭なら家庭に対する表彰をしてあげ、その次には、教会ならば教会、社会なら社会で表彰をしてあげ、その次にはすべての国で、その次には世界で表彰をする訓読会時代を開くのです。

ですから、二十四時間、どこに行っても、このみ言《ことば》を避けられない環境与件をつくっておかなければなりません。(二九六―二一七、一九九八・一一・一〇)

第四節　訓読会に臨む姿勢

先生が場所を定めてさしあげながらこのような道を経てきたので、神様が安着できるのです。皆さんの家庭も、先生が安着できる家庭にならなければなりません。そのためには、『御旨の道』を読み、『原理（講論）』を読むのはもちろん、『祝福と理想家庭』や、今まで先生が語ったみ言《ことば》の中で重要なみ言は、サタン世界と対峙《たいじ》して闘ってきた勝利の記録なので、すべて読まなければならないのです。（二八八―一六、一九九七・一〇・三一）

訓読会を一度するよりも二度するのが良く、二度するよりも三度するのが良いのです。時間さえあれば訓読会をしなさいということです。（二〇〇〇・七・三〇）

今まで、一番熱心に訓読会を行い、一言も、一文字も、一つの熟語も抜かさずに、一生懸命に訓読会をしたチャンピオンは誰でしょうか。お父様だということを知っていますか。

それでは、お父様の息子、娘になろうとすれば、お父様よりも立派でなければなりませんか、立派ではいけませんか。父母の中で、子女が自分よりも立派でないことを願う父母はいません。いくら自分たちが立派でなくでも、自分たちよりも千倍、万倍も立派であることを願うのが父母なので、あなた方が敬い慕うお父様が本当のお父様ならば、そのお父様は、あなた方が自分よりも立派でないことを願うでしょうか、立派であることを願うでしょうか。自分の家庭よりも立派であることを願い、自分の願う国よりも立派であることを願うというのが原則です。（二〇〇一・一・一〇）

今後、国民を中心として、訓読会の総時間がどのくらいかということを計算し、それが多い民族であるほど優秀な民族であり、それを条件として優劣を定める時がすぐに来るということを知らなければなりません。その時間が長ければ長いほど、訓読会の時間に精誠を尽くしたということなので、理解した基準が高くなるのであり、そのような人々の人脈が、天一国《てんいちこく》、神の祖国を守っていける主人公にならざるを得ないというのです。（二〇〇四・一・一）

訓読会をするのに、「ああ、どうして五時なのか。六時、七時にして三十分やればよいではないか」と考えてはいけないというのです。五時間でも短いと思わなければなりません。

一番訓読会を一生懸命にやる人は、お父様ですか、皆さんですか。（お父様です）。自分が話したことはすべて知っているのに、どうして訓読会が必要なのでしょうか。それは息子、娘に贈り物をしようと考えているからです。「私がこの期間に、より良いものを与えなければならない」と考えているので、疲れを感じません。その妙味が分かりますか。

自分の愛する息子、娘たちを涙で教育し、「千里の道も遠くないと思って来てみると、今までこれ以上に価値のある時間はなかった」と言って感動する息子、娘の顔を見て喜び、また、父母の顔を見て喜ぼうとするならば、自分が誰よりも精誠を尽くさなければならないのです。ですから、一生懸命にやらざるを得ないという結論は、妥当な結論です。（二〇〇四・一・二八）

皆さん父母は、どの家庭でも毎日訓読会をしなければなりません。そして、訓読会のみ言《ことば》と一つになるために努力し、祈祷し、自分の生涯に不足なものを埋めてしまえば、この天一国の理想が、日増しに自分の解放圏に属し得る位置に立つので、天の喜びとなり、天の栄光となるのです。（二〇〇四・一〇・三）

御飯を食べられなくても、朝食を食べられず、昼食を食べられなくても訓読会をしなければなりません。ですから、霊界をはっきりと知らなければならないのです。訓読会を始めてから一年八カ月がたちましたが、この期間で、皆さんは、霊界に対してどれくらいはっきりと知り、信仰基準の次元がどれくらい高まったかを知らなければなりません。

どうして私に訓読会が必要ですか。すべて知っているのです。しかし、皆さんを教育するためには、いくら学者になったとしても繰り返さなければならないのです。伝統を残すために繰り返さなければなりません。

皆さんも同じです。皆さんの一族に対して、繰り返して伝授しなければならないのです。そこでどれくらい精誠を尽くしたかによって、皆さんの子孫が正しい種となって歴史時代に必要な人になるか、そうならないかが決定するということを知らなければなりません。（三〇二―二九三、一九九九・六・二六）

訓読会の重要性がどれほど途方もないか、ということを知らなければなりません。天上世界と地上世界の一族の首を一度に打つことができる内容をもつみ言《ことば》です。そのことが皆さん自身にかかっていることを知らなければなりません。常に深刻です！　先生一人に、霊界にいる先祖から世界の子孫までのすべてがかかっているので、どれほど深刻でしょうか。一歩でも踏み間違えば、すべて覆されるのです。

訓読会のこのみ言を取り除ける人はいません。このみ言をなくしてしまう知識はありません。このみ言をすべて無効にできる能力は、どこにもないのです。神様も除去できないことを知らなければなりません。サタンまでも除去できる時代を迎え、これがどれほど人類にとって希望的であり、神様にとってどれほど希望的な解放の時代であるかを知って、これを喜びで迎えなければならないのです。そこに喜びで歩調を合わせ、世界平和を成すことができる皆さんにならなければなりません。（二九六―一三七、一九九八・一一・一〇）

成約時代がやって来たので、家庭が完全でなければなりません。家庭的カナン復帰完成時代である成約時代を迎えたので、訓読会を通してみ言《ことば》に従い、皆さんの家庭が完成、定着すべき時代が来ました。

ですから、そのみ言を聞くとき、流れていくみ言だと思って聞いてはいけないのです。そのみ言は、先生が生死の境で、死が目前に迫る中、「このみ言を残してから逝かなければならない」と思いながら、はっきりと教えてあげたみ言なのです。（二九二―二二二、一九九八・三・二八）

訓読会をするそのみ言は、父母様が闘ってきた戦勝の記録です。勝利した伝統の記録なのです。天宙解放圏を成し遂げる時まで、この伝統的事実を自分の生活圏に適用させ、自分の生活を毎日のように批判しながら、自分自身が相対的実体圏を立てなければならないのです。（三〇一―八〇、一九九九・四・一六）

訓読会をするときは、読んで、読んで、読んで、読んで、先生のその時の心情を越えなければならないのです。心情的に越えなければなりません。（二九二―三二二、一九九八・四・二七）

今、このように訓読会をするのは、その時、霊界の深刻性をこの地に連結させ、皆さんに相続させてあげようとしているのです。皆さんがその時、その時代の先生の心情をもって、その時に同参できなかったことを残念に思い、その時に協助できなかったことを悔しく思う心で読めば、痛哭《つうこく》するのです。（二九二―二一五、一九九八・四・一七）

第五節　訓読会の方法

皆さんは、夫婦だけでも毎日朝一時間ずつ訓読会をしなければなりません。もし朝にできなければ、夜寝る前、十二時でも、一時でもするのです。私はそのようにしています。今回、南米を巡回するときも、十二時を越えて疲れていたのですが、それをやりました。一日でも欠かすことはできないのです。（二八八－四一、一九九七・一〇・三一）

全国的に祝福家庭は、朝五時から一時間の訓読会の時間をもつことによって、家庭が定着するようになるのです。自動的にそのようになります。

先生は、はっきりと知っています。その内容を聞けば、涙を流さざるを得ません。誰かがいくら感動的な内容で話をしたとしても、そのようにはなりません。ですから、訓読会の時間に、いつも涙を流すようになれば、心霊状態がどれほど発展するかを考えてみてください。間違いないというのです。そのような心情が連結されることによって、先生が皆さんに歴史を相続させるのです。そのように深刻な時間を、適当に過ごさないよう各自が注意しなければなりません。（二八七—一八七、一九九七・一〇・三〇）

本をもってしなければなりません。訓読会をして、必ずいくつかの題目を質問させなければなりません。そうすべきであって、聞いただけで終わってしまってはいけないのです。必ず本を見て一緒に読みながら、赤線を引きながら研究していかなければなりません。ただ読んでいては、流れてしまいます。一緒に読み、十ページを読んでから、読んだ人が指名すれば、その指名された人がその次を読むようにしなければなりません。そのようなやり方でするのです。

ですから、訓読会の良いやり方は、本を配って、読むときは本を持っている人が読んでから、「次は誰々が読んでください」と指名するやり方なのです。これを訓練しなければなりません。そして、訓読会に十人が来れば、必ず三人、つまり三分の一の人が関心のある所に質問できるようにするのです。時間が足りなければ、何人かだけに質問させて、その質問に対して解説してあげるのです。それが講義よりも重要であることを知らなければなりません。

ですから、誰か一人だけが代表して読むのではなく、順番に読むようにするのです。一時間あれば、四十ページ近く読めます。速く読めば五十ページまで読めます。そうすれば、その中で十ページずつ五人が読むようにして、すべて訓練させなければなりません。それを読みながら、自分の声に感動しなければならないのです。（一九六一―三二九、一九九八・一一・一八）

訓読会は、先生のみ言《ことば》でしなければならないのです。そこに自分たちの言葉を付け加えるのを嫌います。訓読会をするとき、自分を紹介してはいけません。神様を紹介し、先生を紹介しなければならないのです。そうでなければ汚れるのです。ですから、精誠を尽くして自分が天のみ言の前に主体となり、主体になれなければ対象となり、自分の口を通して天のみ言を伝えなさいというのです。（三三五―三一六、二〇〇〇・一〇・七）

訓読会が重要です。先生が教えてあげたこと以外に、雑多なものを入れてはいけません。完璧《かんぺき》な訓読会にならなければなりません。『御言選集』の中から、骨子を選び抜いて訓読会をするのです。先生がしてきたすべてのことを理解できなければなりません。先生が闘ってきた歴史が、どれほど悲惨な境地を越えて勝利圏を成したのかを知らなければなりません。それは、どのようなものよりも貴いのです。（三二五―一九二、二〇〇〇・二・二）

訓読会で教育しなければなりません。教育が訓読会です。それで、「黒板に書きながら講義するな」と命令を下しました。「本でしなさい」と言いました。十回読み、百回読めば、自動的に骨子がすべて分かります。繰り返さなければならないのです。技術者たちも繰り返さなければなりません。有名な選手やチャンピオンも、繰り返して繰り返してなったのです。繰り返しの大王がチャンピオンです。（三二八―四五、二〇〇〇・三・一）

訓読会も自分たちだけでしてはいけません。親戚《しんせき》や友人たちを集めてしなければなりません。「朝、来てください」と言って訓読会をして、一緒に朝食を食べるようにするのです。先生は、「自分たちだけでしなさい」とは言いませんでした。隣人を結ぶ運動をしなければなりません。自分たちの息子、娘だけでなく、いとことかおい、めいなどもいれば、すべて呼ぶのです。「来てみなさい、いいものがあるから！」と言って、呼んで一緒にしなければなりません。（三〇九―九〇、一九九九・四・一三）

息子、娘に対しては、趣味的な内容を構成して、花火を打ち上げるような楽しい内容を計画してあげてこそ、その本をすべて教育できるのであって、訓読会をただそのまますることができるでしょうか。霊界の事実をはっきりと知らせて、関心をもてるようにしてこそ永遠に跳躍するのです。（二九八—三二、一九九八・一二・三一）

女性たちが訓読大会をたくさんしなければなりません。男性の声よりも女性の声のほうが聞きやすいではないですか。なぜでしょうか。男性でも女性でも、二十代でも、四十になっても母親のことを考えるというのです。皆、そうです。ですから、女性の声は、男性も喜び、女性も喜ぶのです。訓読会の時には、女性を立てるのです。（二九一—三二、一九九八・三・一九）

それでは、誰が訓読会をしなければなりませんか。誰が堕落したのかといえば、アダムとエバです。青少年たちがしたので、青少年たちが訓読会をしなければならない時が来ました。高校に通う人たちが訓読会をしなければなりません。すべての国の青少年たちがそのようにすれば、青少年の淪落《りんらく》、堕落した家庭、アメリカの破壊された家庭が復活していくというのです。

アダムとエバが堕落することによって、青少年が堕落することによって、アダム家庭と国と世界が破綻《はたん》したので、これを皆さんが完成しなければなりません。若い人たちが、堕落したことに対して父母の前で涙を流しながら、このような訓読会をしてみなさいというのです。（二〇〇二・七・四）

第二章　み言《ことば》とは

第一節　み言《ことば》の絶対価値

神様のみ言は、真理（思想）の根本であり、したがって絶対真理なのです。また、統一的な真理です。人間の堕落により、神様を失ってしまうことによって絶対価値と絶対真理を喪失したのであり、統一価値と統一真理を失いました。

絶対価値と絶対真理から絶対価値観が立てられるのです。「観」とは、観点であり、見解であり、理論です。したがって、今日の世界的混乱を収拾する方案は、絶対的価値観を確立することだと言わざるを得ません。（一二二―二九九、一九八二・一一・二五）

真理は唯一のものですが、それは自然と人間世界を支配する一つの原理でもあります。この原理は、宇宙万象の根源です。人間にとっても、この原理は、霊性と肉性の調和を通した人格を完成し、真、善、美を実現するように導く真《まこと》の愛の絶対価値なのです。（一七〇―二六七、一九八七・一一・二七）

真理は、どのような力よりも強力な武器です。また、真理という武器は、永遠の力をもっています。核兵器とは比較になりません。どのような所に行っても定着することができるのです。どのようなものでもコントロールできます。また、この武器をもっていれば、サタンは讒訴《ざんそ》できません。（二四八―三三七、一九九三・五・三〇）

神様の真理とは、世俗的な真理ではなく、神様の愛のみ言をいいます。神様の真理は、ある特定の摂理的な人物を通して啓示として地上に伝えられます。神様の真理は絶対真理です。絶対真理は万能キーのようなもので、この真理を

適用すれば、いかなる難問題も解けるようになります。（一三五―三四七、一九八五・一二・一六）

先生のみ言《ことば》は、先生が語っているものではありません。先生が語っているのではなく、天が先生を通して語られたみ言です。そのみ言は、皆さんがいつどこで聞いても、心が動き始めます。それが違うのです。先生一人ではありません。縦横を合わせたその場で語ろうとしたので、心も体も共鳴体になるのです。振動が起こります。心と体が一つになるので、体が振動すれば心が振動し、心が感動すれば体に一大革命的な変化が起こるのです。そのような力がありす。それは、文《ムン》総裁のみ言ではなく神様のみ言だからです。（二八九―二九五、一九九八・二・一）

霊界は、いつも毎日のように新しい神様のみ言を中心として、霊界の果てまで一体化し、そこに従って前進することによって発展するようになっています。このみ言を一度聞けば、一度聞いただけ発展し、十回聞けば、十回聞いただけ発展し、百回、千回、聞けば聞くほど、それだけ発展するのです。なぜならば、それが先生のみ言ではなく、神様のみ言だからです。悪の世の中を浄化するためのみ言を語るときに、先生が代表してこのみ言を知って橋渡しをしたのです。（二九六―二一七、一九九八・一一・一〇）

統一教会の真理は、統一教会の歴史の中で、闘いの路程によって明らかになった真理ではありません。これは、創世以前から、真《まこと》の父母との絆《きずな》を中心として、真の家庭、真の氏族、真の民族、真の国家、真の世界を創建しようとされた神様の創造理想の中にあった真理です。また、神様の復帰摂理の理想までも内包した歴史的な絆をもっている真理なのです。（三〇―三一八、一九七〇・四・六）

神様が人間を造るにおいて、漠然と造られたのではありません。そこには、「必ずこのようになる」という神様御自身の信念が介在しています。その信念は、具体的でなければなりません。具体的な内容の上に立った信念でなければならないのです。それでは、その具体的な内容とは何でしょうか。それが原理です。原理原則です。これこれこのような原則に従って、このような結果が出てこなければならないというのが原理です。

ですから、神様御自身も信じる立場で、原理的な内容を通じて造られました。その信念と原理が一致し、そこに再び実体が一致する瞬間が、創造の瞬間です。ここで、その信仰とともに、その原理に通じ得る実体を造るためのものがみ言《ことば》なのです。（六八―一三四、一九七三・七・二九）

み言は、漠然としたものではありません。原理による、原則を通じたものです。人の目はこのようになり、鼻はこのようになるという原理原則、設計図がみ言で

す。ですから、その設計図に一致できる人にならなければなりません。（六八―一三六、一九七三・七・二九）

真《まこと》の父母様は一組だけです。この一時だけです。過去にも存在せず、未来にも存在しません。真の父母様が肉身をもって実体として存在されるのはこの時だけです。永遠の中で、たった一度です。

ですから、真の父母様が天の秘密をはっきりと教えてあげるのです。これは隠された真理です。既に先生がそのような概念を完成させておきました。そのような秘密の概念を教えてあげるまでは、サタンがあらゆるものを占領してきましたが、先生が教えておいたので、これからはすべてが明らかになります。今やサタンは、先頭に出ることができません。これは神様も認めます。従いさえすれば、完成するのに問題はありません。そのような教えなのです。（二四六―八四、一九九三・三・二三）

真《まこと》の父のみ言《ことば》は、千年の間繰り返し聞いても、魚が水を飲むように、常に味わいがあるのです。同じみ言でも、悲しいときに聞けば慰労となり、うれしいときに聞けば祝賀となります。私たちの心の状態、生活感情の違いによって、それに該当する素晴らしい対象の価値として作用するのです。（一〇―一四〇、一九六〇・九・一八）

真の父母様のみ言を聞けば、そのみ言がどれほど良いか分かりません。自分の心がどれほど汚れているでしょうか。み言を聞けば、サタン世界から転換されるので、心に歓喜が起きるのです。ですから、これを自然に歓迎するのであり、これを聞けばうれしいと感じるのです。それは、春が訪れるのと同じです。復活の春が訪れることによって、新しい命が芽生えるのです。（二九一―二三七、一九九八・三・一五）

先生のみ言を皆さんがちょっと聞いても、すぐには理解できないでしょう。しかし、本で読めば間違いなく理解できるのです。

先生は、このように広大な世界を総括して分別し、比較し、対照して配列していく頭をもっているので、この世界のすべての知識世界を収拾し、原理という伝統的な基準を中心として、理論的な体系を完璧《かんぺき》にしたのです。これは並大抵のことではありません。数千、数万人の学者たちが集まってもできないことを、一人の人がやってしまったということは、その価値を認めざるを得ないのです。統一教会は、そのような驚くべき武器をもっています。（二二八―一四八、一九九二・三・二七）

神様がこの天地万物の中にいる私たち人間を訪ねてこられるとすれば、何をもって訪ねてこられるのでしょうか。神様が語られた、そのみ言の法度をもって訪ねてこられるのです。それは、この地のどのような個人の思想よりも、どのような言葉よりも偉大であり、全人類が願う神様のみ言《ことば》なのです。ですから、皆さんは、創造当時に立てたそのみ言を、皆さんの生涯を支配し得るみ言として、さらには生涯を救い得るみ言として復帰すべき運命が横たわっているのです。（三一―二六一、一九五八・一・一二）

神様が第一イスラエルの失敗を黙って見逃され、第二イスラエルのキリスト教徒たちを立てて新しい運動を提示される、その中心的み旨とは何でしょうか。それは、イエス様が成そうとされた、み言の聖殿を探し立てることです。

ですから、今から皆さんは、神様が皆さんに伝えるみ言に対して、「永遠の法度として下さったみ言である」と認識し、「これが私の命のみ言です」と言いながら、そのみ言を受け入れるだけでなく、「人間始祖を創造された当時のみ言だ」と感じることができる一時をもたなければなりません。

もし皆さんが、そのようなみ言をもたず、神様のそのみ言を皮膚で実感する体験の一時をもつことができなければ、皆さんは神様の息子になることはできないのです。（三一―二六三、一九五八・一・一二）

蕩滅《とうげん》復帰をするにおいて、自分という観念をもてば、蕩滅の道はありません。イエス様も十字架の道を行くとき、神様に向かって自己主張する心を抱いていませんでした。自分の怨讐《おんしゅう》にまで自分の意見や主張をもたなかったのです。ですから、神様の息子になることができたのです。そのような伝統的な精神を、今、キリスト教徒たちは誰も知りません。先生が語る内容に対して、「そうではない」と言う何の根拠もないのです。結局、先生のみ言に従えば、天国に行くのです。（二一二九―二三四、一九九二・四・一二）

第二節　み言《ことば》に対する私たちの姿勢

アダムとエバは、自分たちを創造して、「取って食べるな」と言われた神様のみ言を、心の奥深くに大切に保管し、そのみ言と自分たちは切っても切れない一つの結合体だと思いながら、変わらない決心をもち、すべての万物を主管すべき責任が自分たちにあることを実感していたならば、堕落していなかったでしょう。

(四一―三三一、一九五八・二・二三)

アダムとエバは、自分たちをして万物を主管するようにされた神様の創造の目的が、どこにあるのかを知りませんでした。「このようにしなさい」と言われたみ言を守ったあとに訪れるもの、すなわちみ言の峠を越えたあとに訪れるものを慕う心がなかったというのです。自分たちの命に対する認識と生活感情を失わずに、

「取って食べるな」と言われたみ言を守ったあとには何が訪れるのか、それに対する欽慕《きんぼ》の心情が彼らの生活を支配し、引っ張っていくことができていたならば、アダムとエバが善悪の果《み》を取って食べることはなかったでしょう。

その瞬間に、アダムとエバがもう一度目を覚まして、「取って食べるな」と言われた神様のみ言を再認識し、「万物を主管しなさい」と祝福され、そのあとに自分たちに与えようとされた何かが天使長の誘惑よりも大きいということを感じていたならば、堕落していなかったのです。これが人類のあらゆる曲折の根源となったので、今日の私たちは、自分を取り戻す運動をしなければならず、自分に任せられた責任を探し出すために努力しなければならず、そのあとに私に何が与えられるのかを考えなければならないのです。（五一二六五、一九五九・二・一五）

神様は、長い歴史時代を通して、責任分担を知らない人間たちが「責任分担を果たした」と言い得るようにするための政策を繰り広げてこられたのです。ですから、絶対服従しなければなりません。責任分担を完成することができなかったのは、神様のみ言《ことば》に絶対服従できなかったからです。

したがって、第一の条件とは何でしょうか。責任分担を完成しようとすれば、神様のみ言に絶対服従しなければならないのです。神様が「取って食べるな」とおっしゃったみ言に絶対服従していれば、責任分担を完成していたのです。（一三九―二五五、一九八六・一・三一）

み言で造った人間が、み言を失ってしまったので、み言で再創造しなければならないのです。それは、神様の愛のみ言、神様の生命のみ言、神様の血筋のみ言です！　これが再創造の三大要素なのです。（一九八―三〇、一九九〇・一・二〇）

原理は何よりも貴いものです。皆さんは、このような原理を、御飯を食べることよりも、服を着ることよりも、寝ることよりも貴く思ってみましたか。絶対視して、何よりも貴いものとして信奉すべきでしたが、そのように生きることができなかったのです。ですから、皆さんは悔い改めなければなりません。（二一〇―一八一、一九九〇・一二・一九）

毎日のように霊的な呼吸をしなければなりません。御飯を食べるのと同じように、み言に接していなければならないのです。御飯を食べるより、もっと重要視しなければなりません。み言を重要視するのです。それこそ、皆さんが天国に行ける道です。（二二六―二八四、一九九二・二・九）

誰でも毎日、朝昼晩の御飯を食べなければなりません。しかし、それよりも貴いものは、霊的糧であるみ言です。御飯を食べることよりもみ言を貴く感じ

ながら、どれほど自分の霊的体を育てたかが問題です。（二八一―二三六、一九九七・二・一四）

皆さんは、み言《ことば》を頭で理解すると同時に胸で理解しなければならず、胸で理解すると同時に体で理解しなければならず、また体で理解すると同時に心で理解しなければならないのです。（三―九八、一九五七・一〇・四）

神様のみ言はみ言、自分たちは自分たち、これではいけません。私たちは、神様のみ言の実体にならなければならないのです。神様の内的心情が、私たちの内的心情にならなければなりません。すなわち、本心の実体にならなければならないのです。（三―三二九、一九五八・一一・二）

真理は、実体化されなければなりません。真理は、生きている人間の中で存続して完成されなければならないのです。そうでなければ、真理はサタンに奪われて、誤って利用されることがあります。ですから、先生は、すべての条件が造成され、真理がある線まで実体的に具現されるまでは、新しい真理を明らかにしませんでした。（九一―一〇一、一九七七・二・三）

神様は、神様の代わりに万物を主管する主人としてアダムとエバを造られました。そして、無限の喜びの心情で彼らのために祝福されたのです。つまり、彼らに「生《う》めよ、ふえよ、地に満ちよ、地を従わせよ」（創世記一・二八）と言われました。このような祝福のみ言を私たち人間に下さったということは、創造の目的が喜びにあったということです。その目的を成し遂げるために、私たちを祝福されたというのです。（五―九〇、一九五九・一・三）

喜びというものは、神様の心情から出発するのです。そして、その目的がどこで成されるのかというと、人間から成されていくのです。見えない神様の心情が、見える人間の心情で顕現します。そして、そのような心情を備えた人間が横的に広がっていき、一つの家庭を成すようになれば、その家庭が世界的に広がっていって世界の中心になるのです。そのような家庭を成しなさいという心で、神様はアダムとエバに「生《う》めよ、ふえよ」と祝福されたのです。

天宙主義は、繁殖して万物を主管するその基盤の上で成立します。ですから今後、皆さんは、その内容を中心として生きていかなければなりません。（二七―二八、一九六九・一一・一五）

神様のみ言《ことば》は、そのみ言が下される先々で善の実績が現れ、復活の役事、再創造の役事を起こさせるものです。ですから、私たちは、悪を清算し、復活の役事を起こし、再創造の権能を行使することができるみ言をもった人にならなければなりません。このようなみ言をもった人たちが集まって暮らす所、そこが天国で

す。（三一―三四、一九五七・九・一五）

イエス様はサタンに、「『人はパンだけで生きるものではなく、神の口から出る一つ一つの言《ことば》で生きるものである』と書いてある」（マタイ四・四）と言いました。事実そうです。先生は、今まで労働しながら生きてきたのですか。お金で生きてきたのですか。そのどちらでもありません。神様のみ言をもって生きてきたのです。それでも滅びませんでした。（四七―一九七、一九七一・八・二八）

最初は、み言をもって信じる時代であり、その次は、み言をもって実践する時代であり、その次にはみ言を中心として生活する時代です。生活時代に入っていくのです。天国にしようとすれば、これがすべて一致しなければなりません。信仰の時代、実践の時代、生活の時代、このように発展するのです。（七四―三一九、一九七五・一・一）

霊界は、み言《ことば》を中心として生活する所です。毎日の生活のすべてがみ言によって動く所が霊界なので、地上でそのような訓練をしなければなりません。み言が嫌いな人は、御飯を食べてはいけないというのです。この世の御飯よりもおいしく食べなければならないのが霊的な糧です。霊的に永遠な糧である以上、永遠に続く味を私たちの制限された地上生活から訓練されなければなりません。(二九六―二二七、一九九八・一一・一〇)

第三節　み言の伝統

神様は、み言ですべてのものを創造されました。ですから、み言、すなわち真理が完全でなければ、その実体も完全にはなれないのです。真理が不完全であれば、実体も不完全とならざるを得ません。信仰生活も、完全な位置に立脚しなければ、完全な信仰生活をすることはできないのです。したがって、神様と天地が願う完全な真理が出てこなければなりません。(一六－二五二、一九六六・六・一九)

聖書を見れば、神様はみ言で被造万物を創造されたとなっています。しかし、考える段階から、み言で創造する段階へ行くというのは飛躍と言わざるを得ません。なぜかというと、考えというものは様々な内容があり得るのですが、その考えが体系化され、一つの目的を指向するようになったものをみ言《ことば》の形態で現れるようにしようとすれば、そこに新しい何かが加えられなければ、それ以上に発展することができないからです。

ですから、今日の私たち人間のことを考えてみれば、神様が天地創造の理念を中心として、人一人を創造するために、無限に努力されたということができるのです。どのような過程を通して、どのような形に造るのかということを考えられたのです。

人間も、やはりみ言で創造されました。「理想のとおりに人間はこのような形態で造ろう」と決心され、「目はこうで、鼻はこうで、手はこうで、足はこうで……」と考えて造られたのが人間です。人間を造られる前に、人間の形はこうだと説明できる体系を模索したのち、その基盤の上に実体的な万物と連結させて人間を創造されたのです。(二九—三二四、一九七〇・三・一三)

神様がみ言で被造万物を創造されたので、皆さんは、そのみ言の内容を自分に再現させ、自分自身の中で、すべての実体世界と関係を結ぶことができるみ言の形態と体系を自ら探し出さなければならないのです。

それでは、み言の体系を探し出すところで終わるのでしょうか。そうではありません。もう一段階入っていって、み言が出発した時の神様の考え、すなわち神様の観念圏にまで尋ね入っていかなければならないのです。（二九—三一六、一九七〇・三・一三）

創造の役事をするということは、力の投入を意味するのです。創造とは、力を消耗させることです。投入されたといいますが、どれほど投入されたのでしょうか。人々は聖書を見て、神様がみ言で「このようになれ！」と言って簡単に創造したかのように考えています。しかし、そうではありません。ここには真《まこと》の生命を完全に投入し、真の愛を完全に投入し、真の理想を完全に投入したというので

す。（六九―八一、一九七三・一〇・二〇）

本来、神様の創造というものは何でしょうか。今日のキリスト教徒たちは、「神様は全知全能であられるので、み言《ことば》でつくられた」と言うのですが、そのように何か妖術《ようじゅつ》を使うようにしてつくられたと思いますか。そうではありません。

あらゆる精誠を尽くして自分の一身をすべて投入する、このようにせざるを得なかったのです。ですから愛するというのです。精誠を尽くさず、血と肉を投入していないものを愛することができますか。私の骨の中の骨であり、肉の中の肉であり、私の思想の中の思想であり、私の全体の中の全体を投入したので、希望の対象とすることができるのです。（七八―一一一、一九七五・五・六）

創世記のみ言の中に、神様が人を造って祝福してくださったという内容があります。しかし、その祝福は、成された祝福ではなく、約束の祝福だったのです。ですから、アダムとエバは、大いなる希望を抱いて万物を主管できるその日を、心で欽慕《きんぼ》する立場にいました。

そのような立場にいたアダムとエバに、神様は、善悪を知る木になる実を取って食べるなと言われ、「食べると、きっと死ぬであろう」（創世記二・一七）と語られました。ですから、アダムとエバは、神様が祝福された希望を心に抱いて生きなければなりませんでした。「取って食べるな」というみ言を信じて従うときに、初めてアダムとエバは神様のみ旨を成し遂げることができる一男一女として、一つの家庭を出発することができたのです。これが原則となっていました。

ですから、私たち人間は、必ず希望をもった人にならなければなりません。その次に、私たちが希望をもって永遠の関係を結び、因縁を結ぼうとすれば、信仰の過程を通らなければなりません。したがって、この希望が成し遂げられ、信仰が成し遂げられる日に、初めて私たちは神様の愛を受けることができるのです。

これが原則です。

ところが、私たち人間は、堕落によって希望を失ってしまい、信仰を失ってしまいました。希望と信仰を失うことによって、神様を中心とする愛を失ってしまったのです。これを復帰するためのものが、今までの六千年の復帰摂理歴史であることを私たちは知らなければなりません。

今から私たちは、アダムの代わりに、あるいはエバの代わりに、神様が被造万物に許諾してくださった祝福を希望とし、その希望を私のものとするために、神様が「やりなさい」と言われたことと、「やってはいけない」と言われたことを分別し、実践しなければなりません。神様を中心とする希望と信仰をもち、さらには実践生活において勝利するとき、初めて私たちは、神様の愛を受けられる個人復帰の基準を立てることができるのです。（五一—一〇八、一九五九・一・四）

先生は、み言《ことば》を立てるために、霊界のすべてのものを中心としてサタンと決闘し、肉界のすべての迫害が前後、左右から押し寄せてくる場でサタンと決闘したのです。最高の一線で、個人的にそのようにして、家庭的にもそのようにしたのであり、氏族と民族と国家的にもそのようにしました。

先生もみ言を立てるためにそのような道を歩んできたのであり、そのような立場でみ言の伝統を立ててきたという事実を、皆さんは知らなければなりません。
（二一―三三四、一九六九・一・二）

今から数を拡大し、強固な基盤を確立するためには、伝統を立てなければなりません。皆さんがみ言と人格と心情を中心として神様と一体となり、中心存在と一体となり、家庭とそれ以外のすべてのものが、神様が認定できる基盤の上に立たなければならないのです。そうして、皆さんが伝統的実体として現れなければなりません。皆さんが実体をもった立場で、み言の伝統、人格の伝統、心情の伝統を立てて、先生の代身となってくれればよいのです。（二一―三三七、一

九六九・一・一）

後代にきれいな伝統を残そうというのです。それで、一番目に心情が問題であり、二番目に原理が問題であり、三番目に伝統が問題です。神様も、この三つを願われるのです。

神様は、なぜこの世界を造られたのでしょうか。愛のためです。その次に、どのようにこの世界を造られたのでしょうか。原理を通してです。ですから、愛と原理です。愛と原理と一つになったそのような人を中心として、それをそっくりそのまま伝統として残そうというのが創造の偉業なのです。（九三―一六三、一九七七・五・二二）

皆さんは、み言《ことば》に対する伝統を立てなければなりません。韓国の食口《シック》も、日本の食口も、アメリカの食口も、み言を体得するにおいて、すべて統一された伝統を立てなければなりません。すなわち、原理に立脚した考え方と生活態度をもち、み言を中心として一体となった伝統を立てなければならないのです。

今までは、各自がそれぞれの伝統を立ててきましたが、今からは、韓国と日本、そして全世界にまで、統一された伝統を立てなければなりません。外国を巡回するときも、この点を重点的に強調しました。み言に対する伝統を、世界的に立てなければならないのです。

人が神様のみ言と一致した位置に立てなかったことが堕落です。「取って食べるな」というみ言を絶対視して、伝統を立てなければなりませんでした。しかし、そのようにすることができずに堕落したので、復帰の路程を歩んでいく人たちは、最後に現れる一つの真理のみ言と一つになる伝統を立てなければならないのです。

天にはそのような伝統が立てられているのですが、地上に生きている人たちには、それが伝統になっていません。もしこの伝統が立てられなければ、統一教会も、今までの既成教会のように数多くの教派に分裂する可能性があるのです。すなわち、み言《ことば》を中心として一体となる伝統をどのように立てるか、ということが絶対的な問題として展開するというのです。（二二―三二六、一九六九・一・二）

み言はみ言、私たちは私たちで離れていてはいけません。み言を中心として自分を育てていける人にならなければなりません。すなわち、神様のみ言と一つにならなければならないのです。

なぜなら、皆さんが知っていたものは、サタンと関係している言葉であり、皆さんが追究し考えていた思想体系では、サタンと関係のある立場を抜け出すことができないからです。サタン世界のすべての構成要素は、どのようなものであれ人間を中心として現れたものなので、堕落圏内を抜け出すことができないものなのです。ですから、新しいみ言をもって、すべてのものを革新しなければなりません。

今までの在来の言葉に、そのまま和合して一緒に行くことができるでしょうか。絶対にできません。在来の言葉とは完全に決別し、清算しなければなりません。今までサタン世界でもっていたサタン的な観念と信仰および習慣までも、すべて一掃しなければなりません。そうして、絶対的な基準のみ言を中心として伝統を立てなければならないのです。

そして、み言を立てるときの先生の心の基準に、皆さんも接しなければなりません。皆さんがみ言を学んだとしても、それは、み言そのものを信じるためだけのものであって、完全ではありません。そのみ言の背後に伝統的な基準が隠れているので、その基準を体得しなければなりません。ですから、より一層み言に対する伝統を立てていかなければならないのです。（二一―三二七、一九六九・一・一）

伝統を尊重視しなければなりません。伝統です。あなた方が持っていたペンは何でもありませんが、先生が持っていたペンは、今後、億千万金出しても手に入れることができなくなります。先生の時代につくったものを貴く思うことができなければなりません。皆さんは、時代の変遷によって変わるのですか。それが天の原則ですか。そうではありません。これからは、先生のみ言《ことば》はどうだっただろうかと、このみ言を中心としてすべてを解決するのです。

ですから、先生のみ言が重要なのです。先生が語ることは、いい加減に語っているのではありません。四十年という経験のもとに語ったものなので、行ったり来たりしません。（二六一—二六六、一九九四・六・二〇）

復帰の道は、簡単ではありません。復帰の道は、探し尋ねていく道です。探し尋ねて原理を立てたので、原理の道は、踏んでいくのです。原理の道は、自分勝手にすることができません。復帰の道は、真《まこと》の父母が探し尋ねました。そして、原理原則を立てておいたので、その原理に従っていかなければなりません。

真の父母が歩んだとおりに歩んで、その伝統を自分の家庭に立て、勝利的内容を備えたすべてのものを伝授された相続者となることによって、その家庭もサタン世界から抜け出すことができるのです。これは理論的です。（二八一―八六、一九九七・一・二）

第四節　『原理講論』に関するみ言《ことば》

統一教会の伝統は、どこにあるのでしょうか。原理だということを知らなければなりません。それは、ただの本ではありません。その原理の裏側には心情があるのです。心情が伝統の基盤です。

さあ、伝統とは何かというと、原理のみ言です。原理のみ言を知ることによって、今後、哲学や思想界において王座の位置に上がっていくことができ、覇権を握ることができるのです。原理のみ言を知らなければなりません。これに対する専門的な知識がなければ、これから世界で出世することはできません。先生が苦労し、神様が苦労されたのは誰を救うためなのですか。皆さんの救いのためなのです。（二二四―三三六、一九九一・一二・二九）

復帰原理にある信仰基台を立てる人とはどのような人かというと、神様のみ言を絶対的に信じる人であり、原理のみ言を絶対的に信じる人なのです。そのみ言は、個性完成のみ言となることができ、家庭完成のみ言となることができ、国家完成のみ言となることができ、世界完成のみ言となることができ、天宙を解放するみ言となることができ、神様の愛をもたらすみ言となることができるのです。

ですから、皆さんは、原理のみ言を絶対的に信じなければなりません。その次には、信じるだけではなく、実体を復帰しなければならないのです。その実体は誰がもっているのですか。サタンがもっています。それでは、サタンがもっているこの実体を復帰しようとすれば、どのようにしなければならないのでしょうか。最前線に行き、サタンを屈服させて取り戻してこなければなりません。（六一―一九五、一九七二・八・三〇）

神様の創造理想を中心として、その理想を実現できるみ言《ことば》があります。そのみ言とは何でしょうか。真理です。原理のみ言は、堕落した世界において絶対的な天法です。それを知らなければなりません。それでは、法とは何でしょうか。法は判断の基準です。実体がみ言どおりになったのか、人として一人前になったのかをみ言で判断するのです。皆さんがそのとおりになれば、その法がある国では、どこでも支障なく通過します。（一〇三―一三四、一九七九・三・一）

韓国語の先生の説教集をすべて買いましたか。読むことができなくても、部屋に宝物として保管しなければなりません。その本が何版なのかによって、今後、その家門の誇りになるかどうかが決定するのです。私たちの先祖が遺物として残してくれた、このような父母様の本国の『御言選集』が何版なのか、『原理講論』が何版なのか、これが初版ならば、その国で皆がそれを見物しにくるのです。（二六九―三二七、一九九五・五・一）

『原理講論』は、劉《ユ》協会長が書いたのではありません。一ページ一ページすべて鑑定を受けたのです。私が許諾しなければ、それに手を出すことはできません。

もし間違って書かれていたとしても、軽視すれば引っ掛かります。何のためにそのように書いたのかを知らなければなりません。経典は、絶対視しなければならないのです。「明らかに間違っているようなのに、なぜそのように書いたのか」と言う人がいます。それは全体を見たとき、そのように書くようになっているからです。そのように書くべきほかの事情があり、飛躍せざるを得ない内容があったということを知らなければなりません。そのように考えなければならないのです。それを理解できずに、自分が分からないことは「間違っている」と考えています。しかし、原理は千年たっても変わりません。（二六六―二六八、一九九五・一・一）（三三―一〇一、一九七〇・八・九）

『原理講論』にある「二性性相」を、ただ何の考えもなく宣布したものだと思っていますが、この宇宙の根本を隅々まで調べ、すべて整理して語った言葉であることを知らなければなりません。（二二五—八〇、一九七三・三・一三）

男性の愛と生命の起源は、どこでしょうか。神様です。二性性相の中和的主体であると同時に、愛の根本であるお方が神様です。『原理講論』に「真《まこと》の愛の起源」という言葉を入れなければなりません。入れなかったのは、その時になっていなかったからです。その言葉を入れれば、「文《ムン》総裁は悪魔の素質が多いので、だますために愛という甘い言葉を入れた」と言うので、そのようなことを考えて抜いたのです。最後には、「真の愛の起源が神様である」という言葉を入れなければなりません。『原理講論』を修正できる主人公は、私しかいないのです。（二二四—二二八、一九九一・一二・二四）

原理のみ言《ことば》を中心として精誠を尽くす人たちは、毎日のように読んで、読んで、読むのです。朝に読んで、昼に読んで、夜に読みながらも嫌にならないというのが精誠です。同じことを千回、万回繰り返すのです。繰り返すときに、最初の四十年前に尽くした精誠がだんだんとさめていってはいけません。そして、皆さんが『原理講論』を千回読めば千回読んだ分、本の皮が変わっていなければなりません。皆さん、『原理講論』を何回読みましたか。（二三四―一八五、一九九二・八・二七）

『原理講論』の本を何回読みましたか。五十回以上読んだ人はいますか。十回ですか。それは読んだうちに入りません。その数が増えれば増えるほど、心霊状態が高まるのです。周りで誰かの話を聞いても、本があるので、本を中心としてすべて解決できるのです。原理のみ言を書くときに、先生が、神様と先生の代身としてみ言《ことば》を書くようにさせたのです。ミスター劉《ユ》（劉《ユ》孝元《ヒョウォン》先生）が書いたのですが、すべて先生の管理のもとで書いたので、天と連結しているということを知らなければなりません。普通の文章とは違うのです。（二六五―一二三、一九九四・一一・二三）

原理の本を見れば、そこには神様の六千年の心情があるのです。先生が一生の間に血を流しながら闘争した、その歴史がそこにあるのです。皆さんの知らない内容がいくらでもあるというのです。そのような原理の本を一ページ一ページ読むたびに、夜を徹して祈祷しながら、ここに神様の心情を見いだすことができるはしごがあるのではないかと考えて、覚えてみましたか。線を引きながら、この一言の背後にどのような歴史があるだろうかと考えてみましたか。毎日のように原理の本を読んでいますか。（六八―九九、一九七三・七・二三）

皆さんが『原理講論』を読むときは、たくさんの量を読むことよりも、少なく読むとしても必ず感動を受けるということが重要です。「そうなるまでは本を放さない」という習慣が必要です。訓練するときに、何の考えもなく受ければ、それが私たちの行く道と何の関係があるでしょうか。何の考えもなく訓練を受ければ、受けても受けなくても同じです。

原理のみ言は、私の生死の問題を決定し、勝敗を決定する剣と同じです。したがって、『原理講論』を読むときは、必ず感動を受けて、その実体になろうと決心する習慣が必要だというのです。そして、それが分かれば実践しなければなりません。（二九―二八一、一九七〇・三・一一）

み言と伝道です。皆さんは原理が分かっていません。み言を武装すると同時に伝道しなければならないのです。み言を武装すると同時に、伝道の必要性をいつも強調しなければなりません。心情の体恤《たいじゅつ》というものは、自分一人ではできません。伝道しなければならないのです。何をもって、どのように伝道するのでしょうか。『原理講論』の本をすべて覚えてしまうほど朗読するのです。（九六―三一七、一九七八・二・一三）

一日に十八時間以上、原理講義をしました。結局、食口《シック》の増加率は原理講義の回数に比例するのです。ほかのものではありません。今までの科学的なデータを世界的に調べてみると、そうなのです。盲目的に伝道してはいけません。方法がすべて組まれています。二日修練会、三日修練会、七日修練会、二十一日修練会、四十日修練会、四十日修練までしなければなりません。食口にしようとすれば、そのようにしなければならないのです。（一七二―四五、一九八八・一・七）

第三章

『天聖経』に関するみ言《ことば》

第一節　『天聖経』奉献式の祈祷

愛するお父様。流れいく歳月の歴史は、途切れることなく流れてきましたが、ある一つの定着時代を迎えれば、その流れは大海に入っていきます。その大海の中の黒潮と共に、天宙の生命圏を復活させるべき再出動、再出発をしなければならない時になりました。

太平洋の中には黒潮があることを知っております。地上世界を越えて天上世界へと流れる支流のようなものが地上の人間たちのつくった国家であり、そのすべての国家、支流が合わさって太平洋に流れていくように天の国に入っていけば、天の国にも黒潮のような主流があるので、その統合的基準に一致化できる道を行かなければ、理想的天国の生命圏を形成することはできません。ところが、地上も天上も、黒潮を中心として一体化することができませんでした。

しかし、真《まこと》の父母がこの地上に現れ、地上と天上世界の整備をすることによって、地上の黒潮の世界と天の国の黒潮の世界において、天の国を中心として、流れていた人生のすべての路程が、同じ統合された生命圏として全天宙に復活することができ、能動的、主体的な価値として吸収、投入できる時代を迎えたのでございます。

それゆえに、神様の解放と地上の真の父母の解放と万民解放と天上世界の霊人・天使世界全体解放を中心として、それを宣布できる三日圏内に入ったこの日、十八日午前十時十三分を中心として、双十節（四月二十日）を越え、三時代を越え、四数に向かうことができ、韓国に帰還する二十日を中心として、統一的解放世界と釈放世界を宣布できる「父母の日」を迎えます。このような時に、天宙、天地、天地人父母の解放圏はもちろんのこと、地上においてお父様が御心配される基準を解消させ、国家と天地、永遠にお父様の国の権限を樹立させ得る教本として、今『天聖経』をお父様の前に、真の父母が鑑定したすべての内容を事実として、お父様の前にお捧げいたします。

天上世界の聖人、賢哲たちまでも、お父様を中心として、天宙父母と天地父母と天地人父母が、旧約、新約、成約を越え、第四次アダム圏を中心とする統一国時代の完着（完全定着）を中心として、釈放を予告、宣布することによってその上に立ち、億千万世が、そのみ言《ことば》を中心に歴史性を参考にしながら、天の訓示と地上の解放的真《まこと》の父母の伝統を受け継ぎ、天の前に孝子、忠臣、聖人、聖子《せいし》の家庭完成を成し、天の国の皇族圏を永遠に、永遠に地上に奉献し、天に侍って地上世界を治め、子孫たちに行くべき方向を確実に教示することができる『天聖経』として、お父様の前に奉献いたします。

きょう四月十八日のこの時間を中心として、双十節（四月二十日）を中心とする三数の特別な期間、そして四分を越えるこの時間を通して、十七、十八、十九、二十、この四数の四日間を中心として準備したすべてのことを完結させ、お父様の前に奉献するこのみ言を、喜んで受け入れてくださることを懇切にお願い申し上げます。

この天上の価値内容がお父様の主権とともに、永遠不変の愛の世界において、覇権的勝利の権限をもって治めることができる真理の教材として、天上・地上の統一的な合本一体となれる教示の定礎石を置く天の国の教本となることができ、そして天国を成すことのできる勝利の教本として、地上・天上世界の完成を計画できるみ言となり、これをお父様の前に奉献いたしますので、喜んで受け入れてください。

地上にいる真の父母と、真の父母の祝福を受けた家庭と、天上世界の数多くの祝福家庭が合心一体で注視する場において、天宙・天地・天地人父母の合徳心情一体圏の上でこのことを宣布いたしますので、喜んで受け入れてくださり、万天宙に通告し、指導教材として使用することを真の父母の名によって懇切に、懇切に御報告、宣布いたします。アーメン、アーメン、アーメン！

(二〇〇四・四・一八・午前十時十三分、アメリカ、イースト・ガーデン)

第二節　『天聖経』とは

『天聖経』は、天の国の聖書です。ですから天宙的です。天は一つであって、二つではありません。数多くの宗派があり、宗教を代表する教理をもって争っているのですが、そのような時代はすべて過ぎていきます。

今からは、自動的に崩れる時が来ます。ほうっておいても、天がほかの所には役事しないので、だんだんと気運が抜けていくのです。天上世界でも、今この『天聖経』を中心として学んでいます。天が内的なので、地上でも、この内的な世界に必ず似なければなりません。似なければ、間違いなく脱落するようになっていきます。似た人以外には天国に入っていくことができないので、『天聖経』を中心として学ぶのです。

すべての聖賢、賢哲たちが霊界に行っていますが、神様がどなたなのか知りません。地上と全く同じです。それを、真《まこと》の父母がこの地に来て、そのすべての内容を明らかにすることにより、霊界も再教育するのです。ですから、天の国において、すべての内容を教育することができる主流の内容が『天聖経』なのです！

それは、闘争する世界を一つにするための聖書なので、天の国でも、多くの障壁を崩してしまうためには、『天聖経』を理解することによって「自分の本故郷がここだ」ということを知らなければなりません。『天聖経』の内容に一致しないすべてのものは、自らそれを解消し、塀があればこれを崩すという責任を、各自の宗派、各自の民族、各自の世界、天地が共に果たさなければならないのです。（二〇〇三・一一・八）

四百巻（『御言選集』）の骨子をまとめたのが『天聖経』です。天の国の聖書です。今後これを、頭の良い人は、すべて覚えなければなりません。日本では、法律が憲法を中心に六法全書として、部門別に成り立っています。それにパスして初めて立法、司法、行政、各部署の国家責任者になるのです。それと同じように、この『天聖経』の内容を知らなくてはならないのです。

『天聖経』の背後には四百巻があります。分からないことがあれば、それを参考にして詳しく見れば、自分たちが世の中でどのように生きなければならないかという内容が、すべて含まれています。ですから、皆さんが神の祖国圏内で暮らすのに必要な法はすべて入っているので、憲法と同様の本だというのです。それ以外の法は、自分たちが『天聖経』を中心として、いくらでも考えて作り、暮らすことができるのです。ですから天の国の聖書だというのです。（二〇〇四・一・一）

『天聖経』を四月十八日に、天の聖書として捧げました。ついに天地の聖書として指標を定め、標準を定め、方向を設定したのです。出発と目的が一致する道を行くことができるようにし、目的地である復帰の理想圏と生活圏まで教えたものが『天聖経』の内容です。ここからずれてはいけません。

既成教会の人たちは、聖書をもって誇っていますが、私たちは『天聖経』をもっています。その勝利の覇権がどれほど驚くべきものか分かりません。そこに自主的な主人の位置があり、中心の位置があります。これがねじれれば、三六〇度、すべてがゆがむのです。垂直のまま行かなければなりません。（二〇〇四・五・五）

今から皆さんが、皆さんの一族を中心として、直行で天の国に連れていける道を開くためには、これを通らなければなりません。天の国もこの聖書を使っています。分かりますか。『天聖経』のことです。天の国も、文《ムン》総裁がこれを訓読するその時間に合わせて訓読会をしている、というのは事実です。『天聖経』の何章には何があり、何章には何があり、骨子だけでも答えなければならないのであって、何も知らない人がどのように通過するのですか。

『天聖経』とは何ですか。天の門を通過でき、天の国の正道を通って高速道路に直行し、天のみ座にまで通じることができる道を教えてあげるものです。（二〇〇五・一・三）

真《まこと》の父母の前にすべて整理しなければならないのですが、真の父母の伝統を代表するその訓示とは何かといえば、『天聖経』です。たくさんのみ言《ことば》を縮小したのが『天聖経』です。これは、天の憲法の内容が入っていて、その次に、各分野の法の内容まで入っています。

今までは、法が設定されていなかったので、正しいか正しくないかを判別できませんでした。ですから、裁判することができなかったのですが、これは、三大審判過程であるみ言審判、人格審判、心情審判の基準を定めてくれる法なので、これを中心として天国の民か、そうでないかということを確定できるので

す。ですから、その法に従って暮らさなければならない時が来ました。（二〇〇四・六・三〇）

「世界平和連合」をつくるときに、第一、第二、第三イスラエル国を創建するという思想のもとでつくったのです。その思想のもとで『天聖経』も出てきました。先生が語った伝統的思想をまとめて、結論を下したものが『天聖経』です。そこには、先生の一貫した思想的出発と過程と目的が凝縮されています。（二〇〇四・一〇・三）

「このようなことをするのは、天の国の伝統を立てるためだ。私たち統一教会にその伝統を残せば、統一教会は永遠の王国の主人になり、私がいなくなってもこのような遺言のみ言が残るので、一人から十人、十人から百人、世界に千人、一万人と増えていく。だから、それを伝統として残そう」と考えて、急いで『天聖経』を一つの聖書として作ったことを忘れてはいけません。

『天聖経』を握れば、手と足がぶるぶると震え、我知らず骨髄が溶け出す痛みを感じながら神様に感謝し、「伝令のみ言《ことば》を私が守って主人になります」と言って「一千年の恨《ハン》を許してください」と祈祷し、「私たちは、『天聖経』を奉読する一族になる」と決心する家庭にならなければなりません。（二〇〇五・一・二）

第三節　『天聖経』の恵み

重生式、復活式、永生時代および浄化時代です。今、祝福家庭が浄化して天《てん》一国《いちこく》に入国するためには、『原理（講論）』のみ言を通して、訓読会で『天聖経』を読みながら、先生の四百巻（『御言選集』）の本と対比しながら、再び自分を振り返って何が不十分なのかという事実を確認し、それを清算しなければなりません。

重生式、復活式、永生時代があります。永生時代に、ここに来て参席したとしても、ほかの人のように幼い時代から洗礼を受けて教会を信じることができなかったことを内的に整備しなければならないのです。（二〇〇四・一・二）

『天聖経』を十回学べば、世の中が明るくなります。ですから、訓読会を一生懸命にやらなければなりません。私になぜ訓読会が必要でしょうか。教育して歴史を正しく立て、雑多な者が幅を利かせるのを防止するために訓読会をするのです。(二〇〇四・四・五)

「父母の日」を中心として、天と地の前に聖書を一つ作り、『天聖経』を天の国の聖書にしました。それは、その天の聖書を中心として毎日訓読会をし、世の中のものよりも重要視することによって、天の王子、王女となり、天の国の代身の主人、神様の代わりに間違いなく万国を治める王になる、そのような決定的核だというのです。(二〇〇四・五・一三)

霊界も父母を知りません。先生が、「神様は父母だ」ということを教えてあげることによって知るようになるのです。霊界も今、訓読会をしています。霊界も、『天聖経』で訓読会をしていることを知らなければなりません。(二〇〇四・

（四・一三）

天国でも『天聖経』を訓読しています。皆さん、『天聖経』をもっていますか。自分がもっているすべての万物と交換したとしても、『天聖経』をもつ価値のほうが大きいのです。

『天聖経』を通して、共産党や左翼問題を解決することができ、民主世界を収拾することが可能なのです。天一国《てんいちこく》の民の内容や、天一国の構造的な内容が『天聖経』にあります。一年十二カ月を中心として『天聖経』を分類して訓読するのです。朝二時間以内で訓読を終えれば七時ですから、それから会社へ出勤することが可能です。

地球上では、朝、昼、晩の時間が地域別に異なっているので、訓読のみ言《ことば》が途切れなければ、み言を中心とする一つの世界になるのです。『天聖経』の教えを何よりも重要視しなければなりません。（二〇〇四・九・一二）

『天聖経』を貫く思っていますか。今回、二千三百ページを超えるその本を、きのうまでに読み終えるために、先生がどれほど身もだえしたか分かりません。私が神の祖国を宣布する前に、天の聖書として残るものを鑑別しなければならないので、すべて読み終えたのです。読み終えてこそ、ここに来て神の祖国光復を宣言することができます。

それでは、四百巻にもなる先生の説教集をいつ、すべて読むのですか。その骨子をまとめたこれだけでも読めば、四百巻を知った者として認定することができるのです。天の国も、これを中心として訓読会をしているので、地上でもこれを中心として訓読するのです。知らない人たちは天上世界と関係を結ぶことができない、という事実を知らなければなりません。『天聖経』です。天の聖書を地上と天上世界も、一緒に訓読会をするのです。（二〇〇四・一・一）

私は、本来、原稿をもって語ることを好まない人です。天が案内するとおりに私の口と体をゆだねて語ったので、このような歴史的な『天聖経』が生まれた、ということを知らなければなりません。それは、文《ムン》総裁が一人で語ったものではありません。そのみ言《ことば》をもう一度聞けば、霊界の音波が響いてくるのです。聖人、賢哲たちが同参して、補助していた心情的な内容が、そのみ言の中で長い歳月を生きて動くというのです。

ですから、『天聖経』のみ言は、常に歴史を越えるのです。千年、万年後にはどのようになるでしょうか。千年、万年後にも神様がもっと福を与えたいと思われる内容の心情が、そこには宿っているのです。そのようなことを、ここに立っている人は知ってみ言を語ってきたということを、皆さんは知らなければなりません。

ですから、そこに題目を、天の国の「天」の字に「聖経」と書いておきました。天の国というものは、地上世界と天上世界が二つの国になっているのではありません。一つの国になっているので「天一国《てんいちこく》」というのです。「天一国」は、二人が一つになった国です。「二」の字に「人」の字で「天」であり、二人が一つになった国です。ですから、『天聖経』は、「天一国」の教材になり得るという話です。（二〇〇五・五・五）

御言《みことば》訓読と霊界動員

2005年 6月 7日　初版　第1刷発行
2019年12月27日　　　　第12刷発行

著　者　文鮮明《ムンソンミョン》
編　集　世界平和統一家庭連合
発　行　株式会社　光　言　社
　　　　〒150-0042　東京都渋谷区宇田川町37-18
印　刷　日本ハイコム　株式会社

ISBN978-4-87656-305-0　C0014